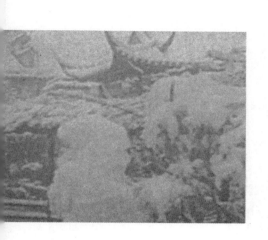

Zhongguo Wenhua
Zhishi Duben

中国文化知识读本

主编 金开诚

编著 桂丽黎

吉林出版集团有限责任公司
吉林文史出版社

留 园

图书在版编目（CIP）数据

留园 / 桂丽黎编著 . 一长春：吉林出版集团有限
责任公司：吉林文史出版社，2009.12（2022.1 重印）
（中国文化知识读本）
ISBN 978-7-5463-1280-4

Ⅰ . ①留… Ⅱ . ①桂… Ⅲ . ①古典园林 – 简介 – 苏州
市 Ⅳ . ① K928.73

中国版本图书馆 CIP 数据核字（2009）第 223035 号

留 园

LIU YUAN

主编/ 金开诚　编著/桂丽黎

责任编辑/曹恒　崔博华　责任校对/王新

装帧设计/曹恒　摄影/金诚　图片整理/董昕瑜

出版发行/吉林文史出版社　吉林出版集团有限责任公司

地址/长春市人民大街4646号　邮编/130021

电话/0431-85618717　传真/0431-85618721

印刷/三河市金兆印刷装订有限公司

版次/2009 年 12 月第 1 版　2022 年 1 月第 5 次印刷

开本/650mm×960mm　1/16

印张/8　字数/30千

书号/ ISBN 978-7-5463-1280-4

定价/34.80元

关于《中国文化知识读本》

　　文化是一种社会现象，是人类物质文明和精神文明有机融合的产物；同时又是一种历史现象，是社会的历史沉积。当今世界，随着经济全球化进程的加快，人们也越来越重视本民族的文化。我们只有加强对本民族文化的继承和创新，才能更好地弘扬民族精神，增强民族凝聚力。历史经验告诉我们，任何一个民族要想屹立于世界民族之林，必须具有自尊、自信、自强的民族意识。文化是维系一个民族生存和发展的强大动力。一个民族的存在依赖文化，文化的解体就是一个民族的消亡。

　　随着我国综合国力的日益强大，广大民众对重塑民族自尊心和自豪感的愿望日益迫切。作为民族大家庭中的一员，将源远流长、博大精深的中国文化继承并传播给广大群众，特别是青年一代，是我们出版人义不容辞的责任。

　　《中国文化知识读本》是由吉林出版集团有限责任公司和吉林文史出版社组织国内知名专家学者编写的一套旨在传播中华五千年优秀传统文化，提高全民文化修养的大型知识读本。该书在深入挖掘和整理中华优秀传统文化成果的同时，结合社会发展，注入了时代精神。书中优美生动的文字、简明通俗的语言、图文并茂的形式，把中国文化中的物态文化、制度文化、行为文化、精神文化等知识要点全面展示给读者。点点滴滴的文化知识仿佛繁星，组成了灿烂辉煌的中国文化的天穹。

　　希望本书能为弘扬中华五千年优秀传统文化、增强各民族团结、构建社会主义和谐社会尽一份绵薄之力，也坚信我们的中华民族一定能够早日实现伟大复兴！

目录

一　长留天地间的留园

留园是苏州四大园林之一

　　没有哪些园林比苏州的四大园林更能体现出中国古典园林设计的品质。"咫尺之内再造乾坤"，苏州园林被公认为是实现这一设计思想的典范。建造于16至18世纪的留园，以其精雕细琢的设计，折射出中国文化中取法自然而又超越自然的深邃意境。

　　苏州是中国著名的历史文化名城，这里素来以山水秀丽、园林典雅闻名天下，有"江南园林甲天下，苏州园林甲江南"的美誉。苏州园林是文化意蕴深厚的"文人写意山水园"。古代的造园者都有很高的文化修养，能诗善画，造园时多以画为本，以诗为题，通过凿池堆山、栽花种树，创造出具有诗情画意的景观，被称为是"无声的诗，立体的画"。在园林中游赏，犹如在品诗，又如在赏画。

苏州留园内外空间关系格外密切，并根据不同意境采取多种结合手法。建筑面对山池，得湖山真意，建筑各方面对着不同的露天空间，以室内窗框为画框，室外空间作为立体画幅引入室内。室内外空间的关系既可以建筑围成庭院，也可以庭园包围建筑。总之，置身于留园之内，会让你从身到心有一种置身于诗画之内的感觉。

苏州园林是中国园林建筑的代表

长留天地间的留园

留园是苏州园林建筑风格的
完美体现

（一）留园特点总览

以留园为代表的苏州园林的建造风格
是一种古代风俗、文明及建筑成就的集成
的完美体现，多层次、多方面地体现着中
国古代园艺文化的博大精深。苏州园林以
小巧、自由、精致、淡雅、写意见长，是
注意文化和艺术的和谐统一完美的艺术品。
作为私家园林，它更是让人看到了一种绝
佳的生活环境和居住条件。

1. 留园中多用广漆

留园是文化和建筑完美结合的艺术品

留园中多用广漆，色调大都融入假山，池沼及大大小小的树木中，显示自然之美。"粉墙黛瓦"，是留园的典型色彩，那白、灰两色的建筑色彩掩映在"桃红柳绿"的大自然景色之中，体现自然之趣。使人有一种"安静闲适"的感觉。到了花开的季节，相映成趣，把花衬托得更加"明艳照眼"。

留园内景观

留园

2. 宅园合一

苏州古典园林，宅园合一，可赏、可游、可居，这种建筑形态的形成，是在人口密集和缺乏自然风光的城市中，人类依恋自然，追求与自然和谐相处，美化和完善自身居住环境的一种创造。拙政园、留园、网师园、环秀山庄这四座古典园林，建筑类型齐全，保存完整，系统而全面地展示了苏州古典园林建筑的布局、结构、造型、风格、色彩以及装修、家具、陈设等各个方面内容。反映了这一时期中国江南地区高度的居住文明，曾影响到整个江南城市的建筑格调，带动民间建筑的设计、构思、布局、审美以及施工技术向其靠拢，体现了当时城市建设的科学技术水平和艺术成就。

苏州园林曾影响到整个江南城市的建筑格调

3. 丰富的社会文化内涵

丰富的社会文化内涵是苏州古典园林的重要特色之一，是它不仅是历史文化的产物，同时也是中国传统思想文化的载体。表现在园林厅堂的命名、匾额、楹联、书条石、雕刻、装饰，以及花木寓意、叠石寄情等，不仅是点缀园林的精美艺术品，同时储存了大量的历史、文化、思想和科学信息，物质内容和精神内容都极其深广。对园景进行点缀、生发、渲染，使人于栖息游赏中，化景物为情思，产生意境美，获得精神满足的。而园中汇集保存完好的中国历代书法名家手迹，又是珍贵的艺术品，具有极高的文物价值。

4. 精巧的结构

留园以结构精巧取长。花窗设计别出心裁，独具匠心，把花纹图案设计在窗棂上，中间留出较大的空间，使窗外的景物透入室内，看上去就像墙上挂了几幅生动活泼的图画一样。偌大的留园，游人一进园门便不会受日晒雨淋，贯通全园连绵不断的

留园以结构精巧取长

留园

全园曲廊贯穿，依势曲折

回廊曲榭将四区园景、厅堂建筑联成一体。廊壁嵌有历代著名书法石刻三百多方，内容丰富，镌刻精美，是不可多得的艺术珍品。留园的建筑艺术与建筑风格，集江南园林艺术之大成。在这富有诗意的小园林里，建筑师把生机盎然的自然美与艺术美融为一体，"虽由人作，宛如天开"，使园林建筑展现了高度的艺术成就，充分反映了我国古代建筑师的聪明才智和精湛的建筑工艺，同时也衬托出留园主人的一种思想意境。

留园石拱桥

1. 留园的空间布局

全园分为四部分。中部原是"寒碧山庄"，乃全园精华所在。布局以山池为中心，环以山石楼阁，贯以长廊小桥，明洁清幽。西部以大假山为主，粗犷雄浑，枫林满山。北部一派自然山村风光，用竹篱分割的盆景园内集苏州盆景之名品，令人目不暇接。东部以华丽宽敞的大型厅堂与轩廊、石峰间列，组成空间变幻、各具特色的经典园林空间，尤其是围绕"冠云峰"而设的庭院，突出江南名石"冠云峰"，给人留下深刻印象。

2. 建筑物的完美布局

在苏州园林中，留园建筑不但数量多，

分布也较为密集，其布局之合理，空间处理之巧妙，皆为诸园所莫及。每一个建筑物在其景区都有着自己鲜明的个性，从全局来看，没有丝毫零乱之感，给人一个连续、整体的概念。留园整体讲究亭台轩榭的布局，讲究假山池沼的配合，讲究花草树木的映衬，讲究近景远景的层次。游览者无论站在哪个点上，眼前总是一幅完美的图画。

园内亭馆楼榭高低参差，曲廊蜿蜒相续有七百米之多，颇有步移景换之妙。建筑结构式样代表清代风格，在不大的范围内造就了众多而各有特性的建筑，处处显示了咫尺山林、小中见大的造园艺术手法。

留园内讲究的是山水之间的布局配合

长留天地间的留园

留园讲究亭台轩榭的布局

全园曲廊贯穿，依势曲折，通幽渡壑，长达六七百米，廊壁嵌有历代著名书法石刻三百多方，其中有名的是董刻二王帖，为明代嘉靖年间吴江松陵人董汉策所刻，历时二十五年，至万历十三年方始刻成。

明徐泰时创建时，林园平淡疏朗，简洁而富有山林之趣。至清代刘氏时，建筑虽增多，仍不失深邃曲折幽静之趣，布局和现在大体相似，部分地方还保留了明代园林的气息。到盛氏时，一经修建，园显得富丽堂皇，昔时园中深邃的气氛则消失殆尽。

二　东西南北各异的留园

留园内廊壁嵌有历代名家书法

留园占地三十余亩，集住宅、祠堂、家庵、园林于一身，该园综合了江南造园艺术，并以建筑结构见长，善于运用大小、曲直、明暗、高低、收放等变化，吸收四周景色，形成一组组层次丰富、错落相连的有节奏、有色彩、有对比的空间体系。全园用建筑来划分空间，可分中、东、西、北四个景区：中部以山水见长，池水明洁清幽，峰峦环抱，古木参天；东部以建筑为主，重檐叠楼，曲院回廊，疏密相宜，奇峰秀石，引人入胜；西部环境僻静，富有山林野趣；北部竹篱小屋，颇有乡村田园风味。

该园以建筑之精湛、奇石之完美、园

留园的厅堂在苏州诸园中最
为宏大秀丽

林建筑空间组合艺术之高超为特色。其厅堂
在苏州诸园中最为宏大秀丽。全园以厅堂、
走廊、粉墙和洞门等建筑划分空间，并巧妙
地将假山、水池、花木等组合成若干大小不
同、情趣各异的庭院。

（一）中部山水

入园沿着曲折的长廊经过二重小院可直
达中部景区。透过北侧一排漏窗，山池亭台
隐约可见，此处赏景有"寸步一景，移步换
景"之妙。经暖阁后便至明瑟楼，楼为二层
半间，近水而筑，形似画后面的楼舱，因取
《水经注》中"目对鱼鸟，水木明瑟"之意
而得名。明瑟楼西为中部主体涵碧山房，至
此山房，园中诸景尽收眼底。中央池水清澈

园中诸景倒映在池水中，意境优美

院内的古树随处可见

留园

明净，"小蓬莱"飞落碧水之中，曲桥上紫藤花棚繁花累累。池西山腰上闻木梅香轩和池北山顶可亭遥遥在望，花墙楼阁高低错落，秀色相接，池中倒影，组成了一幅绝妙的画卷。真可谓"奇石尽含千古秀，桂花香动万山秋"。

中部是原来寒碧山庄的基址，中辟广池，西、北为山。东、南为建筑。假山以

留园池塘内饲养的金鱼给人以灵动之感

土为主，叠以黄石，气势浑厚。山上古木参天，显出一派山林森郁的气氛。山曲之间水涧蜿蜒，仿佛池水之源。池南涵碧山房、明瑟楼是故园的主体建筑。楼阁如前舱，敞厅如中舱，形如画舫。楼阁东侧有绿荫轩，小巧雅致，临水挂落与栏杆之间，涌出一幅山水画卷。涵碧山房西侧有爬山廊，随山势高下起伏，连接山顶闻木樨香轩。山上遍植桂花，每至

令人有水流不尽之感的留园景观

秋日，香气浮动，沁人心脾。此处山高气爽，环顾四周，满园景色尽收眼底。池中小蓬莱岛浮现于碧波之上。池东濠濮亭、曲溪楼、西楼、清风池馆掩映于山水林木之间，进退起伏，错落有致。池北山石兀立，洞壑隐现，可亭兀于山冈之上，有凌空欲飞之势。

（二）东部建筑奇峰

东部重门叠户，庭院深深。院落之间以漏窗、门洞、廊庑沟通穿插，互相对比映衬，成为苏州园林中院落空间最富变化的建筑群。主厅五峰仙馆俗称楠木厅，厅内装修精美，陈设典雅。其西有鹤所、石林小院、揖峰轩、还我读书处等院落，竹

西部以假山为主，土石相间，浑然天成

石倚墙，芭蕉映窗，满目诗情画意。林泉耆硕之馆为鸳鸯厅，中间以雕镂剔透的圆洞落地罩分隔，厅内陈设古雅。厅北矗立着著名的留园三峰。冠云峰居中，瑞云峰、岫云峰屏立左右。冠云峰高 6.5 米，玲珑剔透，相传为宋代花石纲遗物，系江南园林巾最高大的一块湖石。峰石之前为浣云沼，周围建有冠云楼、冠云亭、冠云台、伫云庵等，均为赏石之所。

1. 姐妹三峰

留园庭院中有一石，清秀奇特，极嵌空瘦挺之妙，因石巅高耸，四展如冠，名曰冠云。冠云峰东西二石，分别名曰瑞云、岫云，

夏季，大批的游人前来参观

二峰退立两侧，屏立左右，和冠云峰并称为留园著名的姐妹三峰，均为江南名峰。

冠云峰曾是盛康、盛宣怀父子引以为骄傲而常夸耀于人的绝世珍品，当时盛氏延请了寓居苏州的清末朴学大师俞樾为其作赞，张之万题额，本地名宿绘图，在其四周筑起了以"云"为主题的冠云楼、冠云亭、冠云台、待云庵、浣云沼等一系列建筑。

据说盛宣怀还以冠云、瑞云、岫云三峰之名，作了三个孙女的芳名，足见其深爱之情。相传冠云峰为北宋朱在太湖之厅，今日之装修正好相反，前则为空阔的峰石山水庭园，只见冠云一峰巍峙，后有冠云楼作屏障，迥立云表，这与南庭之封闭恰成对比，也就是所谓的"欲扬先抑"的洞庭西山所采得的花石纲遗物，后因当年朱事败被杀，来不及运走而遗存了下来。现峰高约 6.5 米，是苏州古典园林中现存最高的太湖石峰。其形宛似一含情的江南少女，亭亭玉立，秀丽而文静，故国学大师王国维说它是"奇峰颇欲作人立"。如从西北角视之，则冠云峰又如一尊怀抱婴儿、脚踩鳌鱼的送子观音，故其又名观音峰。

独具风采的石峰景观，成为江南园林艺术的杰出典范

东边的瑞云峰是因原峰早于乾隆四十四年被移到了织造府里，为盛康所重置；西边的岫云峰上更有枸杞一株，穿云裂石，飘逸自得，颇得陶渊明"云无心而出岫，鸟倦飞始知归"之韵。两峰分列左右，以作呼应供奉之势。冠云峰庭园景观模拟的是一种以自然界岩溶（即喀斯特）地貌为特征的造型，即石灰岩在强烈的风化溶蚀下，会发育成峰林谷地或孤峰平原地貌特征。除冠云、瑞云、岫云三峰之外，其他大小石峰散立其间；而亭台之基亦半隐于山石之中，山岩间迷花倚石，佳木葱茏。主峰前有池水一泓曰"浣云沼"，更衬托出冠云峰的高耸。半方半曲之沼，睡

莲浮翠，游鱼戏水，而冠云峰亦如西施浣纱，对镜梳妆，天光云影，绿树繁花倒影其中，虚实互参，景色幽绝。

冠云峰前凿有小池，半方半曲，峰石倒映落入池中名曰浣云沼。峰后建楼名曰仙苑亭云，又名冠云楼。这前池后楼和石峰在色调上与形体上，形成了深浅明暗和高低横竖的明显对比，从而把冠云峰衬托得更为高大凌空。峰之前越池建有四面厅，其厅分前后二部分，俗称鸳鸯厅。厅正中银杏木屏门上刻有晚清书画家陆廉夫、金心兰、吴客心斋合作的冠云峰图，另一面刻有德清俞樾撰文之韩惠荣书写的冠云峰赞全文。整个大厅装修精华，雕刻玲珑剔透，

游人在亭中小憩

留园

东部庭院湖石峰峦，堆叠得十分精巧

陈设全套红木家具，极其富丽堂皇，无愧为
江南厅堂的典型代表。

2. 东部庭院

过了曲桥向东便是华丽的东部庭院建筑
群。建筑富丽堂皇，宽敞明亮，装修精美，
隔扇做工精细，陈设古朴典雅，有"江南第
一厅堂"之说。厅前庭院中有气势浑厚的湖
石峰峦，堆叠得非常精巧，后院回廊花径，
绚丽多姿，金鱼池玲珑可观。

东部庭院建筑群以豪华的主体建筑"五
峰仙馆"为中心，书房等辅助建筑环绕于四
周。

五峰仙馆高深宽敞，陈设精致，梁柱均以楠木制作，所以又名楠木厅。两旁的楠木纱隔窗心嵌有著名画家张辛稼所绘绢本花鸟画，透过薄薄的画绢，前后两院的景色若隐若现，增添了大厅幽雅绝尘、堂奥纵深的氛围。

每一个场景似乎都是一幅图画

五峰仙馆西的汲古得修绠，以韩愈《秋怀诗》"归愚识夷涂，汲古得修绠"得名。指做学问犹如到深井中去打水，绳短无法打到水，要得高深的学问，必须用"修绠"，化深功夫。此处为小书房，书房三面有窗，可观外面景色，在此读书实为雅事。

在五峰仙馆东北还有一间书斋，名曰"还我读书处"。取名陶渊明《读山海经》诗"既耕亦已种，时还读我书"之意。还我读书处南部有"揖峰轩"，取宋朱熹《游百丈山记》中"前揖庐山一峰独秀"句意。轩名揖峰，石题独秀。揖峰轩面阔两间半，硬山造，外观朴素。轩内装修陈设轻巧古雅，东部用落地罩隔出半间，内置红木藤面太妃榻，西窗下置一架古琴，北面墙上开窗三方，窗后天井内植翠竹，置湖石，使人顿觉窗外景物构成一张张竹石尺幅画，好似张挂在墙上。揖峰轩南面为"石林小院"，隐于树丛湖石之

苏州留园木雕
五仙峰馆前的民俗表演

后，小院中部仅六十多平方米，但四周有六个更小的天井，在这些小天井内树石植竹，构成一处处对景，配成一幅幅小品。

（三）西部山林野趣

留园西部以假山为主，东西狭而南北长，占地约十亩，假山规模宏大，可登临，可攀援，可种植，充满着轻松自在，山上有亭两座，北面一座为"至乐亭"，取自《阴符经》中"至乐性徐，至静则廉"之意，至乐亭为长六边形，回合金顶，此亭是仿天平山范公祠御碑亭稍作变化而成，在江南园林中还是孤例。南面一座称"舒啸亭"，取自陶渊明《归去来辞》中"登东皋以舒啸"之意。这是苏州园林中以土为主围以侧深牙假山的实例。两亭构造别致，登亭可望虎丘等名胜，山上还种满了枫树，春夏浓荫蔽日，深秋红叶似锦，叶花与银杏相映，色彩绚丽，使山林田园风味更浓。徜徉其间，犹如在深山枫林中闲步。加以留园中部灿若黄金的古银杏探出云墙，此山更是五彩斑斓，秋色烂漫。

（四）北部乡村田园

前曲溪宛转，流水淙淙。东麓有水阁"活泼泼地"横卧于溪涧之卜，令人有水流不尽之感。北部原有建筑早已废毁，现广植竹、李、

木雕刻画了园林内人们怡然自得游乐的情景

东西南北各异的留园

假山亭亭玉立
留园内盛开的花朵

桃、杏、"又一村"等处建有葡萄、紫藤架。
其余之地辟为盆景园，花木繁盛，犹存田
园之趣。留园以宜居宜游的山水布局，以
其疏密有致的结构，独具风采的石峰景观，
成为江南园林艺术的杰出典范。

　　置身北部，犹如置身于江南农村风光
之中。区以花园为主，步入其间，鲜花烂漫、
清香宜人，进入"又一村"，自月洞门至
西部山麓，建有花圃和盆景园，园内一盆
盆苏派盆景苍翠欲滴，别有情趣。这些盆
景有以观赏松、柏、枫、杨等枝木姿态造
型的树桩盆景，有品味山水画意的水石盆
景，还有几棵栽种在古盆中的百年石榴，
每年都开花结果，使游人有幸可看到古石
榴开花的奇观。南面景园植满桃、杏、梅、

傍水而建的小亭

李等，春时如霞似醉，景色随季节而变化，春花、夏荫、秋实是此园的特色。来到这里眼界顿然一新，犹如置身于江南农村风光之中。

留园主景山区北面的收头部分，是山体余脉和二长廊、围墙等，使假山增添了生息，使人们有感生活于山林，山林又融于生活的

景色随季节而变化是园林的一
大特色

艺术意境之中。留园的西部和北部是一派
自然山林、田园风光，另有一番风趣。西
部有"洞天一碧"小屋，这里前后左右巧
妙布置了许多形状不同的天井院落，采用
回廊复折、小院层层变化的手法，使小屋
充满了安逸闲适、深邃无尽的氛围。又因
建筑之间相互贯通，层层相属，变化无穷，
达到了室内外水乳交融的境界。

（五）园林小品

1. 古木交柯

在留园中部东南方，在走廊与南面的
高墙之间，有一个幽僻的小庭院。此处虽
无奇峰秀石，但高墙下用素砖砌筑的花台

上山茶怒放，柏枝凝翠，红绿相间，一派生机盎然的景象。粉墙上嵌有"古木交柯"砖匾一方，在名题的左边有跋文："此为园中十八景之一，旧题已久摩灭，爰补书以彰其迹。丁巳嘉平月，道苏郑思照识。"郑思照为盛康幕僚，后为盛宣怀服务，1910年曾为盛宣怀测绘"苏州留园全图"，此补书时间丁巳年当为1917年。从郑思照的题跋，以及陈味雪在光绪五年（1879年）背临寒碧庄图十八帧中可以得知："古木交柯"在刘恕寒碧庄时已存在，并且在郑思照补书前也有一块砖匾，由于岁月的洗刷，旧题已久磨灭。在1917年，盛家在维修留园时，为了使这个景点不再默默无闻，郑思照就补书了这个题名。

花台中原有古树两株，一为古柏，一为耐冬，耐冬即为山茶一种。两树在1949年前都已死亡，只是古柏虽死，但躯干还在，所以在1953年整修园林后补种了山茶一株，后古柏躯干中长出女贞一株。为安全起见，后又除去古柏躯干，留下女贞和山茶二树。20世纪90年代初，为正其名，遂移去女贞，从他处移来柏树一株，形成今日景观。二树交柯连理，红绿相交，形成一景。"古木交柯"花台虽为砖砌，但造型古朴典雅，别有风味。花台为半个不规则八角形平面形状，高88厘米，进深

雕廊画栋

留园

175 厘米，宽 385 厘米，从下至上可分三个
层次：底下为座；中间为肚，并微微鼓出；
上口有束腰。所用砖材也较为特殊，中间那
片微微鼓起的砖和留园大门口上方砖细抛枋
中的浑面砖为同一式样。

此处以粉墙为纸，仅植二树、置一匾，就构成了一幅充满生趣、耐人寻味的图画。这里运用了传统国画中最简练的手法，以墙作纸，化有为无，化实为虚，使整个空间显得干净利落、疏朗淡雅。

2. 花步小筑

自古木交柯向西数步，可见一个更小的天井庭院，天井南墙上嵌有清代学者钱大昕所书"花步小筑"石额一方。匾额四周镶嵌砖细花果浮雕，名题左侧有识文："蓉峰大兄卜别业于吴昌之花步，相传明太仆徐公故里，其地有池有石，花木翳如，颇有濠濮间趣。今因其旧而稍增葺之，玩月有亭，藏书有阁，招邀朋旧，相与诗酒唱酬，

偌大的留园，只要游人一进园门便不会遭受日晒雨淋

留园

洵中吴之胜地也。嘉庆丁巳春正，竹汀居士
钱大昕题识。"

3. 花步

花步就是留园在明代的地名"花步里"。
小筑乃园主自谦，称这座园林仅是河边埠头
旁的一处小小的建筑而已。此处同样以粉墙
为素笺，墙角下散置点石，湖石花台中立石
笋、植天竺，一株二百多年的苍劲爬山虎如
同蛟龙冲上云霄，到了墙头复又垂下串串绿
叶。整幅画面构图匀称，运笔洗练，充满着
宁静恬适的书卷氛围。"花步小筑"与"古
木交柯"两个天井仅一墙之隔，有墙门相通，

留园池塘内的喷泉

石笋、几株天竺及古藤爬山虎的点缀下，使小小天井变得精致小巧、韵味无穷，更显幽雅闲适。

4. 明代牡丹花台

在留园中部东北方，远翠阁前有一座明代方形青石牡丹花台，花台用三层条石叠砌，高65厘米，东西长385厘米，南北宽330厘米，四角雕有书卷，面北正对楼阁，正中条石上浮雕双狮戏球，东侧浮雕吴牛喘月，西侧雕天马行空。在花台东西两边雕有双鹿、双马、双羊、双兔等动物浮雕，整个花台共有动物浮雕九石，极为生动，显得古朴典雅。

花台内现仍栽有牡丹。春来牡丹花开，与古雅的青石花台相映成趣，在周围绿树翠竹的衬托下，更显得雍容艳丽。

5. 明代青石小花台

在佳晴喜雨快雪之亭西面也有一座明代青石小花台，较之远翠阁前的牡丹花台，这座花台体量小，造型更为简洁。花台用二层条石叠砌，高57厘米，南北长245厘米，东西宽194厘米，花台四角雕有书卷，面西中间石条二侧线刻卷草金钱结子图案。花台内植有黑松、地柏、杜鹃，配以沙积石，形成一座大型盆景。

盛开的花朵和假山相互呼应

6. 明代石桌石凳

又一村东南侧有青石制作的半圆桌和两只鼓凳，形状颇有特色。石桌直径约1米，通高0.7米，紧贴着远翠阁的北墙，石桌由桌台、桌身、桌座三个部件组成。由于桌面已削去小半，只能称作半桌；石凳低矮古朴，形态如鼓，但底座四面镂空，雕有如意头花纹，鼓身四周各雕有五朵缠枝牡丹图案，因年代久远石面已开始风化。桌凳虽小，但置放十分得当。此处为墙下背阴处，夏日常有游人在此避暑小憩。墙面平直，石桌石凳贴墙而设，打破了原来直墙的呆板之感。桌凳本是明代遗物，安置于此，也增添了游人探古的雅兴。

7. 青石经幢

在中部水池内，立有两座青石经幢，由于设置水中，通称水幢。一座在水池东南方，高两米余，幢顶有石刹及八角形屋

留园以水池为中心，池北为假山小亭，林木交映

留园

盖组成，幢身浅刻如意纹饰，基座为三层莲花座。看刘懋功在咸丰七年（1857年）所绘寒碧山庄图，就知此幢其时已立于水中，泉塘陈蝶仙在游留园作感怀诗中说道："不解吴侬缘底事，家家池里筑浮屠。"这个浮屠，其实就是指水幢。外地人对苏州人在家中池塘设置水幢不理解，其实苏州多河，常有人不慎落水，而民间风俗，称落水鬼要寻着替身方能重新投胎转世，为溺水者不再寻找替身而能投胎转世，当地居民往往在河滩边一侧设立一根石柱，石柱八面刻有佛号，由于石柱顶部又光又圆，俗称"石和尚"，为溺水者诵经超度亡魂，使其早日解脱。"石和尚"到了风景优美的园林之中，也变得精美了，衍化成园林造景中的一个小品。

园内一角

还有一座在清风池馆西侧水院，高约两米，上部石刹较长，有五层，中部浅刻云头纹饰，底座为三层莲花座，造型简朴。青石经幢造型古朴秀美，色泽自然雅致，增添了水池中的景观，丰富了园林石雕小品的文化内涵，特别是因其处在水中，使人可远观而不可近玩，自然也带了几分神秘色彩。

三　留园烂灿的历史

池塘内的荷花

留园内的木门雕刻细致精美

但凡美好的事物，其历史总是一波三折的。留园从建成到今天，几经易主、易名，也曾遭遇过战火。如今，当你置身于留园的美景之中时，你会不会想起它的经历？两百年过去了，留园留下的不仅仅是那如诗如画的江南名园，更有岁月带给它的沧桑与美。

留园始建于明代万历年间（一说嘉靖年间），初为太仆寺卿徐泰时的私家花园，时称"东园"。清乾隆时归刘恕（蓉峰）所有，以"竹色清寒，波光澄碧"且园内多植白皮松，大有苍凛之感，因此易名"寒碧山庄"。同治十二年，盛康（旭人）购得此园，因历经战乱，屡遭摧残，留下此园，故得

留园

留园，其名寓意"长留天地间"之意。经过了抗日战争的洗礼，解放后，盛氏后人将园捐献给国家。历史原因使得园中的一些匾额楹联遭到了破坏，残破短缺，先后邀请了林散之、顾廷龙、董寿平、王个簃等当代名家进行了重新补书，恢复多处的匾额楹联，突出了园林典雅高洁的风格，丰富了园林的文化艺术内涵。

（一）东园

留园，历史上称阊门外下塘花步里。始建于明万历年间，距今有四百多年的历史。最初是万历年间太仆寺少卿徐泰时所建的东园。太仆寺少卿徐泰时（号舆浦）曾任工

留园内的门庭

部营缮郎中，参与营造万历帝的寿宫（即十三陵中的定陵）。范仲淹的后代范允临是他的女婿。他为人耿直，终因得罪权贵，罢官回乡。罢官后回到了自己的家乡苏州，在阊门外一公里多的一处住宅旁扩建营造了一座园林，"以板舆徜徉其中，呼朋啸饮，令童子歌商风应苹之曲"。后人称之为东园（徐氏有东、西二园，西园后来被他的儿子徐溶舍宅为寺，就是现在的西园戒幢律寺）。由于长期在朝为官，他深感身心疲惫，因此回到苏州后，便不问政事，每天在自己的园中赏花弄草，吟风诵月，在自然的空间中尽情地复苏着早已受到扼制的心灵。

园中杂莳花竹，水池清涟湛人。筑堂三楹，取名后乐堂，环以走廊，宏丽轩举。前楼后厅，皆可醉客。堂侧有土山一座，山上多古老树木，又广搜奇石，从湖州岳父家运来宋代花石纲遗物瑞云等五峰，置于园内，瑞云峰高五米多，就耸立在土山之上，妍巧甲于江南。并请叠石高手周时臣在堂后叠石屏作普陀、天台诸峰，高约五米，阔约三十米左右，丝毫看不出人工雕琢的痕迹，就像一幅天然的山水横披画。

明末，园林逐渐衰败。至清朝初期，曾一度废为踹布坊。后相传重建于陈氏，但屡屡易主。至乾隆四十四年（1779 年），因次年皇帝南巡要到苏州，地方官吏为迎接圣驾光临，就把瑞云峰移到了织造府皇帝住的行宫花园中（今苏州市第十中学）。

（二）刘园

寒碧之韵——寒碧庄

到了明清之际，东园已逐渐荒废。到清乾隆年间，该园归吴县人刘蓉峰所有。他非常喜爱此园，得手后重新整修并加以扩建，同时取"竹色清寒，波光澄碧"之意，将园名改为寒碧庄。但由于园主姓刘，所以民间俗称为"刘园"。

绿叶红花掩映下的建筑

留园灿烂的历史

刘曾在广西先后任过右江兵备道、柳州庆远两府事，因水土不服告病回乡。刘得到这个园林后，花了五年时间修葺和扩建，使之面目一新。堂宇轩豁，廊庑周环，藏书有室，留宾有馆，岩洞奥而旷，池沼缭而曲，竹色清寒，波光澄碧，又以其中白皮松居多，取名寒碧庄。园中建筑有传经堂、还读馆、卷石山房、明瑟楼、听雨楼、寻真阁、绿荫轩、曲溪楼、掬月亭、含青楼、垂杨池馆、个中亭、餐秀轩、半野草堂、揖峰轩等。刘恕爱石成癖，聚奇石十二峰于园内，名奎宿、玉女、箬帽、青芝、累黍、一云、印月、猕猴、鸡冠、拂袖、仙掌、干霄。

池塘内的荷花

留园

留园内每一个建筑物都有着自己鲜明的个性

　　嘉庆七年（1802年），请好友昆山王学浩绘寒碧庄十二峰图（今藏上海博物馆），并自号为一十二峰啸客。园有内园、外园之分，内园即刘恕住宅部分（今留园大门至停车场之间），外园即园林部分。道光三年（1823年），园林对外开放，来游者无虚日，轰动一时。咸丰十年（1860年）后，园逐渐荒芜。

（三）长留天地间——留园

　　咸丰年间，苏州阊门外遭兵燹，园子周围街巷宅屋几乎毁尽，唯独该园幸存下来。同治十二年（1873年），园为常州盛康（号旭人）所购得。盛康为退休官僚，曾任庐州、

留园给人以整体感

宁国知府和浙江杭嘉湖兵备道、按察使等职，其子盛宣怀是清廷重臣和洋务派先锋。盛康购得园林后大加修葺，于光绪二年（1876年）落成。其时，园内嘉树荣而佳卉茁，奇石显而清流通，凉台燠馆，风亭月榭，高高下下，迤逦相属，比昔日盛时更增雄丽。因前园主姓刘而百姓俗呼为"刘园"，盛康乃仿随园之例，取"刘"与"留"同音，遂改名"留园"。著名学者俞樾作《留园记》，称其"泉石之胜，花木之美，亭榭之幽深，诚足为吴下名园之冠"。建筑有绿荫轩、涵碧山房、明瑟楼、恰航、闻木樨香轩、半野草堂、自在处、远翠阁、濠濮亭、清风池馆、汲古得修绠、五峰仙馆、佳晴喜雨快雪之亭、花好月圆人寿轩、少风波处便为家、又一村、亦吾庐、心旷神怡之楼、石林小院、揖峰轩、洞天一碧、还读我书斋、鹤所、学圃、绣圃等。

后又于光绪十四年至十七年（1888—1891年）建留园义庄（即祠堂部分），增辟东、西两园。东园即东山丝竹（戏台）、冠云峰、林泉耆硕之馆（奇石寿太古轩）、仙苑停云、待云庵、冠云亭、亦不二亭等，西辟小蓬莱、至乐亭西南诸峰林壑、月榭星台、活泼泼地、君子所履、南花房、北花房、十景花坞等，峰石之奇特以冠云、岫云、瑞云

留园讲究花草树木的映衬和近景远景的层叠

留园灿烂的历史

留园内曲径通幽

（非第十中学之瑞云峰，系盛康另选峰石沿用旧名）三峰为最，巍然挺立，尤以冠云峰为最巨。其时园林、祠堂、住宅合在一起占地约四十余亩。

经过盛康之子盛宣怀的用心经营，留园声名大振，成了吴中著名的私家园林。

留园

抗日战争时期，留园经日军蹂躏，"栋折榱崩，墙倾壁倒，马屎堆积，花木萎枯，玲珑之假山摇摇欲坠，精美之家具搬取一空"。

抗战胜利后，留园又成为国民党部队驻军养马之所，五峰仙馆、林泉耆硕之馆的梁柱被马啃成了葫芦形，五峰仙馆地上马屎堆积，门窗挂落，破坏殆尽，残梁断柱，破壁颓垣，几乎一片瓦砾。新中国成立后，党和政府非常重视这一宝贵的历史文化遗产，于1953年拨款进行整修，次年元旦对外开放。从此这座江南古典名园风采依旧，丽色重现，每天都吸引成千上万的中外游客来此观光游览。1961年3月被国务院列入首批全国重点文物保护单位，和北京的颐和园、承德的避暑山庄、苏州的拙政园共誉为全国四大名园。

1991年初，国家前后花了近十个月的时间，重新修复，修复后的祠堂基本保持了原来的建筑格调，使留园进一步趋于完整，恢复了原有的景观。自开放以来，留园在管理部门的不断修缮和保护下，其艺术风貌始终如故，魅力无穷。

正如俞樾的《留园记》中所说的"夫大乱之后，兵燹之余，高台倾而曲池平，不知凡几，此园乃幸而无恙，岂非造物者留此园

新中国成立后，留园的面貌才得以重现

留园美景让人叹为仙境

以待贤者乎，是故泉石之胜，留以待君之登临也；华木之美，留以待君攀玩也；亭台之幽深，留以待君之游息也。其所留多矣！"

（四）留园与名人

1. 俞樾与留园

　　清光绪年间，苏州城私家园林如群星散落，大小有数百处之多，其中阊门外留园与城内马医科曲园，风格迥然，却有着特殊的

留园一角

关系。曲园主人俞樾是清末一代朴学大师，被学术界誉为20世纪的一座高峰。留园造园艺术高超，园林精美绝伦，被誉为全国"四大名园"之一。为名人与佳园的交融，留下了一段佳话。一样的科举之路，不同的曲园、留园，那时的两位园主人都已届古稀之年，同有退隐林园寄情山水之志，从而成为密友。宽敞华丽的留园和简陋朴素的曲园，显示了两位主人不同的人生经历。

留园主人盛康，字勖存，号旭人。与李鸿章一同中举而为好友，李鸿章升官有术，位高权重，盛康依附于他，官运也算亨通。盛康晚年功成告退，又有其子为坚强后盾，踌躇满志地隐居于名园之中。入世后的出世，使他心灵平静而又轻松，并在美丽的宅园中参禅悟道，追求着更完美的人生。曲园主人俞樾，自号曲园，出身于浙江德清书香门第。早年的挫折令俞樾厌烦官场，从此寓居苏州，潜心学术。俞樾和朝廷要臣李鸿章为同科进士，又同受曾国藩赏识，当俞樾贬官回苏而身处逆境时，李鸿章当时任江苏巡抚，特聘俞樾担任苏州紫阳书院讲席，在俞樾的学术生涯中起了很大的促进作用。

光绪二年（1876年），盛康将寒碧庄修葺完工，一时"嘉树荣而佳卉茁，奇石显而清流通，凉台燠馆，风亭月榭，高高下下，迤逦相属"，以更雄丽的景色独步江南，成为吴下名园之冠。盛康在无比的欣慰与得意中，欲为之作记。可请谁来当此任？俞樾——盛康脑中一下子浮现出这熟悉的名字。俞樾既是才高学深的大学者，又亲睹留园建成，是留园的座上客，于情于理此任都非他莫属。于是恭请俞樾作《留园记》。

2. 朱子安与盆景园

在留园的西北部，有一处幽雅僻静、别有情趣的庭院，那就是又一村内的盆景园。

留园盆景

在欣赏这些高雅艺术品之余，不由得令人想起盆景园的筹划者，苏派盆景的主要创始人之一，一生为繁荣我国盆景事业作出重大贡献的中国盆景艺术大师——朱子安先生。

朱子安的一生是坎坷艰辛的。朱子安从小随父学技，聪明好学，盆景技术别具一格。至上世纪30年代中叶，他的盆景已被沪宁线上的同行看好，一次偶然的机会，连续三次夺得总锦标赛冠军的周瘦鹃先生对他的教导，使他懂得了盆景也能扬民族、国家志气的道理。1970年秋，朱子安被调到了留园，他自己动手用竹子把这块空荡荡的地围起来，用古石敬、砖块搭砌起盆座，把慕园残存下来的盆景安置好。意想不到的情景发生了，具有田园景色的北部自从有了盆景更增加了几许情趣，游人至此无不驻足，隔篱细细品味，有的还要与之一起留影。朱子安把这一切都看在眼里，似乎从中看到了希望，他坚信盆景艺术是大众的，总有重见阳光的一天。

朱子安用自己的实际行动实现了再次振兴盆景的夙愿。1978年，已是77岁高龄的他，依然步履轻捷，精神矍铄。这一年园林部门聘他为技术顾问。但他意识到自己的生命已不能离开盆景，在以后的日子里，朱子安一直活跃在盆景园地中。1982年5月，他精选参加省盆景艺术展览的作品，坐镇南京一个多月，确保了苏州盆景在省内的绝对优势。同年9月，为新建盆景园——万景山庄而不辞劳苦。1985年9月，他又挑选了参加全国首届盆景评比展览的作品，并观摩了展览。1989年9月底，他携带家中培养的盆景，赴武汉参加了第二届中国盆景评比展览；同时出席建设部授予他"中国盆景艺术大师"荣誉称号的授证仪式。

1996年12月30日，朱子安这位在中国盆景界德高望重的一代大师安详地谢世了，

留园室内景观

留园灿烂的历史

留园为全国重点文物保护单位，
已列入世界文化遗产名录

享年 95 岁。使人感到欣慰的是，他所创导
的盆景流派和传人已遍布大江南北，他们
为发展与繁荣苏派盆景艺术继续谱写着新
的篇章。

留园

四　自然美与艺术美的融合

留园花草争奇斗艳

提起留园总让人想起童寯先生的两句评点——"是园以大称盛，院落走廊扑朔迷离"。留园是江南艺术的瑰宝，其泉石至尽，华木之美，亭台之幽深，均透露着一种无可言喻的美。

中国园林之美在于移步换景中连贯传递的讯息，眼光游移中无尽的愉悦，虽然亭台楼阁轩榭的精妙尽在画中，而着意呈现的却是空间流转的美。没有震撼的瞬间，没有惊世的一瞥，却是绵绵不断的美感传递，流露的是园主对前世、今生、来世的认知和期待，这一切需要用心才能体会。

（一）小品留园

1. "冠云峰"庭院

"冠云峰"庭院原属明代徐氏的东园部分，清初因东园荒芜，"久废为踹坊，皆布商所踏布者居之"。冠云峰被踹布坊和民居所包围。至清代乾嘉年间刘蓉峰在原明东园址上建寒碧庄时，因无力将其纳入园中，所以到了其孙刘懋功时，也只能筑望云楼相赏而已。到了晚清盛康筑留园时，因踹布坊和民居早已被咸丰年间的太平天国战火所夷平，然峰石独存，冠云峰这才被盛氏并入园中，所以在当今的留园布局上，冠云峰庭园乃是一组相对独立的空间。纵观其布局，从

冠云峰庭院

自然美与艺术美的融合

原住宅区过旧戏台（现均已拆除），进入主体建筑林泉耆硕之馆（旧为鸳鸯厅的南半厅）庭院，至北半厅（旧为观赏冠云峰的主厅，即奇石寿太古之厅，今日之装修正好相反）前则为空阔的峰石山水庭园，只见冠云一峰巍峙，后有冠云楼作屏障，迥立云表，这与南庭之封闭恰成对比，也就是所谓的"欲扬先抑"的造园手法。当你驻足于主厅时，峰石正面向阳，光影相映，富有立体之感，在峰后具有横线条深色调的冠云楼的衬托下，更显轮廓鲜明，挺拔隽秀。而当你登斯楼时，又可一览庭园全景；旧时北望还可远眺虎丘，塔影、田园风光

冠云峰庭院

留园

留园内的古柏

可尽收眼底，为原留园借景的最佳处之一。这就是中国古代造园的逐层递进之法。而主厅之东，却是一个极富禅意的庭院，北为待云庵，南有亦不二亭；其本为留园主人盛康昔日参禅礼佛之所（盛康别号"待云"），故幽静至极，院内花街铺地，有珠花和海棠图案，两旁翠竹森森，有松浓荫匝地，以示四季平安，健康长寿。

该庭园的主体建筑林泉耆硕之馆（原名奇石寿太古），本为观赏冠云峰而设，其面阔五间，单檐歇山式屋顶，四周绕以围廊，内部以脊柱为界，用银杏木屏门、红木扇和圆光落地罩作隔断，将室内分隔成欲断还连的南北两厅。两厅各施卷棚，但其梁枋、门窗、地坪各异。主厅面北，是观赏冠云峰的最佳之处，所以装修特别考究，梁架用扁作，雕梁镂栋；南厅则用圆料，朴实无华；该厅为典型的鸳鸯厅建构，所以常俗呼其为"鸳鸯厅"。就连窗框，北施方形花格窗，南则为八角形；同为方砖铺地，也是规格不一，北大南小。所以也常常被错误地解释为北为男厅，南为女厅，以附会中国封建社会的男尊女卑之说。其实这是无稽之谈。在功能上，南厅阳光充足，明亮温暖，适于冬春起居；北厅背阴凉爽，宜于夏秋活动（所以苏州古典园林中的主要厅堂，

留园建筑雅致，相互呼应

留园

常北设露台，以临莲池；南面则常为封闭或半封闭式的庭院，此处亦然）。北厅正中的银杏木屏门上刻有俞樾所书的《冠云峰赞有序》，赏峰读赞，相互参照，其趣更浓。南厅屏门上则刻有晚清苏州书画家陆廉夫、金心兰、倪墨耕、吴斋合作的《冠云峰图》，石绿勾填，清雅古朴（原本为北图南书）。屏门两侧各有一座精美华丽的落地圆光罩，由于其面积较大，为了避免边框的单薄之感，所以采用内外双圆形式，框内重点而均匀地布置有较大的叶形花纹，其间连以较纤细绕曲的树枝形花纹作衬托，构图自由而富有变化，刘敦桢教授评之曰："其内部装修毁于

留园空间处理之巧妙，为诸园所莫及

自然美与艺术美的融合

抗战中，近岁以洞庭东山席璞之松风馆旧物，席氏亦画家，故其圆光罩构图精美华丽，为现存苏州园林之冠。"

2. 建筑、住宅

赏留园首看建筑。留园以其独创一格、收放自然的精湛建筑艺术而享有盛名。层层相属的建筑群组，变化无穷的建筑空间，藏露互引，疏密有致，虚实相间，旷奥自如，令人叹为观止。占地 30 余亩的留园，建筑占总面积的三分之一。全园分成主题不同、景观各异的东、中、西、北四个景区，景

留园长廊内古人的书法

留园

区之间以墙相隔，以廊贯通，又以空窗、漏窗、洞门使两边景色相互渗透，隔而不绝。园内有蜿蜒高下的长廊 670 余米，漏窗 200 余孔。一进大门，留园的建筑艺术处理就不同凡响：狭窄的入口内，两道高墙之间是长达 50 余米的曲折走道，造园家充分运用了空间大小、方向、明暗的变化，将这条单调的通道处理得意趣无穷。过道尽头是迷离掩映的漏窗、洞门，中部景区的湖光山色若隐若现。绕过门窗，眼前景色才一览无余，达到了欲扬先抑的艺术效果。

留园假山

　　留园内的通道，通过环环相扣的空间造成层层加深的气氛，游人看到的是回廊复折、小院深深，是接连不断错落变化的建筑组合。园内精美宏丽的厅堂，则与安静闲适的书斋、丰富多样的庭院、幽僻小巧的天井、高高下下的凉台焕馆、迤逦相属的风亭月榭巧妙地组成有韵律的整体，使园内每个部分、每个角落无不受到建筑美的光辉辐射。

　　留园建筑艺术的另一重要特点，是它内外空间关系格外密切，并根据不同意境采取多种结合手法。建筑面对山池时，欲得湖山真意，则取消面湖的整片墙面；建筑各方面对着不同的露天空间时，就以室内窗框为画

框，室外空间作为立体画幅引入室内。室内外空间的关系既可以建筑围成庭院，也可以庭园包围建筑；既可以用小小天井取得装饰效果，也可以室内外空间融为一体。千姿百态、赏心悦目的园林景观，呈现出诗情画意的无穷境界。

留园住宅共有三处，一为留园路400号（原86号，今园林档案馆位置），盛康得园后购得，是老宅，光绪十三年宅中主厅翻修，结构一新，取名"永善堂"（参见《香禅日记》）。其地解放后为民居，宅地低于门前马路2—3尺，曾见宅中井台

留园内土石相间，堆砌得十分自然

留园

边半块残碑，已为居民用作洗衣之板，字迹模糊，内容为诰封某氏为一品夫人。二为东宅，即刘恕住宅（笔者曾在其遗址见到一个明代鼓磴，黄石中空，疑此片住宅前身可能是徐泰时旧居），同治十三年售于程氏，旋改建为二程夫子祠，清末为盛氏所有（见姚承祖《营造法原》），抗战时期，日寇强拆朱家庄一带民居，扩充兵营，导致大批难民涌入，至解放初，建筑已破坏殆尽，而宅中备弄变成通道，后称之为五福弄。2000 年，留园整治周边环境，动迁所有民居，今售票处、停车场、办公大楼，就是在其遗址上所建。

留园内冬季景色十分迷人

自然美与艺术美的融合

徜徉于留园背面，使人们感觉生活
于山水之间

三为正宅，今盛家祠堂西侧有南北两座楼，即是其正宅，按《香禅日记》，其宅与祠堂都是在光绪十四年八月起造，盛氏在留园的三处住宅，如今独剩这处。

3. 陈设

园林建筑中的家具陈设，俗称屋肚肠。园内家具除了功能上的需要外，对其厅堂轩榭等建筑还起装饰作用，园内如缺少家具，就好比胸中无点墨一样，水平高下自在其中。在安置上则强调因地制宜。园中家具多为名贵木材所制，有红木、楠木、紫檀、黄杨、花梨木等，其款式亦有地区与时代之分。

园林建筑的装修，同样也强调因地制宜，它除配合建筑功能需要和完善建筑形象外，其风格和雕刻内容与建筑之名称相合，多以古朴为主，极少精镂细刻。而厅堂中字画挂件，匾额对联文字之隽永，书法之美妙，不仅与园林建筑艺术融为一体，相得益彰，而且进一步扩展和丰富了景观内涵，提升了建筑的艺术品位。

　　今园中家具、装修皆为解放初修复时从旧货市场、私人旧家中所购，除极个别为原园中物，散落民间复又收回之外，大多数皆非旧置，虽在摆设上下过一番功夫，大体保持了原有的风格，但也有经不起推敲的地方。

留园内家俱陈设大方典雅

自然美与艺术美的融合

留园北部环境僻静树木葱茏，颇有山林野趣

而园中匾额，除三块光绪年的旧匾外，有一些是解放初期整修后补书的，特别是在20世纪80年代又请名家补书，增添了一大批匾额，但还有一些景点因不便开放，或修复不久，所以还没有补书恢复。园中楹联，解放初期都是从旧货市场购进，根据内容和园中景点相符而悬挂在其建筑之中，其联语词句和书法可以说都是相当不错的，但有个别楹联词句和景点有点牵强附会，不太合实际。在80年代补书匾额的同时，根据历史资料，恢复了部分楹联，但还有很大部分至今没有恢复。

4. 赏石为胜

留园以赏石为胜，历史上既有园主生性
爱石，聚奇石为十二峰之盛事，又有联姻以
石陪嫁之佳话，故留园赏石亦为一景。其中
山石之奇特以冠云、岫云、瑞云三峰为最，
尤以冠云峰为首。该峰以瘦皱见长。纹理纵
横，形态奇伟，峰顶似雄鹰飞扑，峰底若灵
龟仰首。瑞云峰和岫云峰配衬左右，构成江
南园林峰石最为集中的一景。峰前凿池，名
曰"浣云沼"。峰印水中，更显秀丽；峰后
配楼越显高耸。以石而筑的小院还有"石林
小院"，这是留园建筑群庭园造型的经典空

间，更是品石佳处。小院虽地方不大，约长15米、宽29米，以"揖峰轩"前湖石峰为主景，环峰回廊。用围墙和廊、轩分割成大小、形状各异又相互贯通的小院，或置湖石，或立石笋，配芭蕉、翠竹，形成各式赏石框景，室内外空间穿插，层次丰富，仿佛一幅幅以石为卉的画面，令人玩味不尽。

5. 衔接亭台

通过游廊贯穿全园，使得主人不管阴晴雨雪都可以在园中尽兴，是江南私家园林的一大艺术特色，这一点在留园中最为明显。留园中不仅仅是游廊，建筑之间的夹道，乃至于建筑内部的穿行空间都是有

造型奇特的留园假山

留园

留园长廊

明显方向性的"廊道"空间。这种循环往复的"廊道"空间是贯穿整个园林的主线，犹如音乐中的旋律，其意义在于，当人们把某个调的旋律转换为另一个调，那么所有的音都变了，可是人们还是能听出是同一个旋律，这是美的法则中对立统一律的最直接的表现。留园中这种"廊道"空间的存在使整体的空间布局有所依凭，多而不乱，生动又不失严谨。

从门厅进入，到古木交柯处，留园中的"廊道"空间分成两条线路：西线经绿荫—明瑟楼—涵碧山房—闻木樨香轩—远翠阁—佳晴喜雨快雪之亭—冠云楼，沿途为自然山

自然美与艺术美的融合

在欣赏留园的同时，不禁让人感叹建设者的精妙设计

水；东线经曲溪楼—西楼—清风池馆—五峰仙馆—揖峰轩—林泉耆硕之馆，沿路皆为建筑；最终两条线路均指向冠云峰。空间的音乐性主要体现在这两条主线的空间变换节奏中，余下的空间主要起烘托陪衬作用，类似于音乐中的"和声"部分。与其他私家园林精致的水体相比，留园的水景较为疏落粗犷，原因在于水之"虚"的文化内涵、审美内涵在这里不再是表达的重点，仅利用其空间的虚无、包容，作为整个园林的空间基质，沟通两条"廊道"主线。

（二）含蓄之美

1. 含蓄的门

苏州的园林，很多都是辞官引退后回乡的官僚所建的私家花园。他们本着"久在樊笼里，复得返自然"的想法，他们不爱人来客往的世俗应酬,而喜欢闭门谢客，独自在自己的园中玩石赏月，经营花草，以重归自然、寄情山水的隐士理念来追求一种隐居的生活。基于这种生活理念，苏州的私家园林均无气派显眼的高大门楼，其正门都力求淡化、简单，以求接近普通民居。

留园里的碎石小路

留园的门，简洁明快。它的形制、色彩，没有丝毫的修饰，两个石框，一个石梁，若不是石梁上的"留园"两字，你就算从路旁经过也肯定不知道这里就是苏州园林中的一大名园。园林内院落相隔的小门，同样是含蓄的，看不到一丝的张扬，或圆或方，或亘于碎石小道，或隐于竹荫藤隙，只有穿过它，才会有耳目一新、豁然开朗的感觉。

含蓄的小门和石梁刻字

　　门厅正中屏门上嵌的一幅缀玉留园全景图。是 1986 年时，为纪念苏州古城建成 2500 周年，由扬州工匠用 2500 枚各类玉石薄片相缀而成的。在全景图的上方高悬着一方匾额，上面写着"吴下名园"四个大字，点出了留园在苏州园林中的地位。这是由当代著名版本目录学家，前上海图书馆馆长顾延龙先生所题写的。在全景图屏门背面刻有清代朴学大师俞樾先生所撰，吴进贤所书的《留园记》。

　　留园的门虚实变幻、收放自如、明暗交替的手法，形成曲折巧妙的空间序列，引人

雪后银装素裹的留园

步步深入，具有欲扬先抑的作用，历来为园林界人士称道。先是幽闭的曲廊，进入"古木交柯"渐觉明朗，并与"华步小筑"空间相互渗透。北面透过六个图案各异的漏窗，使曲廊与园中山池隔而不断，园内景色可窥一斑。绕出"绿荫"则豁然开朗，山池亭榭尽现眼前，通过对比达到最佳境界。

留园

留园的景色令人流连忘返

2. 含蓄的堂

留园的堂便是回廊的节点，它没有皇宫大殿的雄伟，没有商贾庭院的霸气，但你只要细细地品味，就会发现它的精致、巧妙了，除了按当时的礼制进行功能区的划分外，那廊檐，门窗，家具，陈设……会让置身其中的你，仿佛闻到墨香、听到评弹。

3. 含蓄的水

园林的灵气所在就是水了。留园的水没有波纹，在山石的环抱中，静静地欣赏着周围的景色，如果说地面上的景致是如何的美不胜收，那么倒影里的美景就是世间的极品了！它包容了树，包容了山，包容了日月星辰。

4. 含蓄的墙

留园的墙统一为白色，上以青瓦为盖，从材质上讲毫无美学讲究。但任何一个去过留园的人都不会否认它的美。留园的墙都是依地势而建，错落有致，有秀竹、青藤的掩映中，宛若一段段跳动的音符。

游鱼也是留园内的一大景观

留园

留园内景观

留园景色令人心醉

自然美与艺术美的融合

（三）大型山水园

这一座水陆结合的大型山水园，主景山在涵碧山房之北，山势不高，用湖石叠成。与西面副山成直角交会之势。留园假山主景立意乃取苏诗"横看成岭侧成峰"之意，用叠山手法造成了空间两个方向的山林意趣，是两个山林意境的结合体。东西向的主山用湖石叠成，由远处观赏山峦起伏的轮廓——"远观山之势"。南北方向贴于西墙的副山，用黄石叠成，是由近处观赏山体，峰高林立，山岩节理分明，得近观山之质地的意趣，这种质感给人以置身于深山幽谷中的感受。临近两山体交会处设

留园内造型独特的假山

留园

碧绿的荷叶轻轻荡漾在水中

有天桥飞梁，是游人的交通要道，亦成为造景的过渡。由于竖向的岩层结构，构成了狭谷深涧的意境。从西面的副山俯视，觉得山高水深，若由主山下的岸边去看水面，又觉得近在眼前，在山体造型上有意为游人造成错觉，产生高山近水的亲切感。主景山北为陆山区，由此向南观赏山巅，又使人感到如置身幽深的荫道上。山南、山北成了水景与陆景迥然不同的观赏效果，这是大型水陆假山在造景设计上运用的多层空间所形成的效果。

留园的假山意趣浓厚

留园假山处理手法多样。中部假山山体大势布局具有主山平远、副山高峻之感。主山东西延伸，山峦横向展开，产生平远意趣，隔水相望，成为远景山。副山南北走向，沿爬山廊拾级而上，近观石峰高耸挺拔。山中古木茂盛，浓荫蔽日，仿佛深山峻岭。在主副山垂直交汇处，做水源出处，造涧峡状，石梁飞渡。在布局上，主山横向，副山侧向，小蓬莱岛似山之余脉延至水中。起到平衡作用，构成"横看成岭侧成峰，远近高低各不同"的山水意境。西部假山由黄石堆砌，采用土石相间、小山用石、大山用土的做法。在南北长、东西狭窄的地域内，山势北陡南缓，有黄石山涧自山顶向南蜿蜒而至溪边，这条旱涧不仅增加了深远感，而且反衬出山下桃花溪的清幽。整个山体迂回曲折，四角分设登山道，皆可拾级而上到舒啸亭，极富层次。

长廊、围墙等，使假山增添了生息，使人们有生活于山林、山林又融于生活之感。为了显示冠云峰的高矗，峰前挖有方沼"浣洗沼"。倒影入水，意趣更深。此处还建有冠云亭与冠云楼，除主景山区外，丰富的假山叠于厅前屋后，有不少构成了"山水园"的独特风格。造尽假山和假山小品。这些山石组景，不仅为建筑的专在留园西部，与"闻木樨香"毗连的是一座土阜，有山景，是主

凉亭掩映在树荫中

自然美与艺术美的融合

楠木殿前的花台假山

景山体的余脉，亦给人以遐思联想。如五
峰仙馆厅前的假山，系拟庐池泥堆成，上
有登高远眺的小亭至乐亭和舒啸亭。

　　五峰仙馆厅后的花台假山，这是苏州
园林中以土为主围以侧深牙假山的实例。
山，则是花木树石假山小品。在揖峰轩庭，
设置了供单独观赏的峰石和花坛山，林泉
奢硕之馆北院的"冠云峰"，是明代疏浚
河道时所得。

五 与众不同的留园

留园入口处

留园中的景色，构成一幅幅不同的景致，且有"移步换景"之说。造物者留此美景，独享游人。游客于此也是流连忘返，真有人间天上之感。

留园虽然没有拙政园那般疏朗旷达，朴实自然，也不像狮子林这样奇峰峻峦，曲径盘垣，与沧浪亭清幽古朴，山高水远的情形也不大一样，但留园就是留园，有着自己独特的儒雅与清高的韵味。当你走近、徜徉而终于流连其间时，才会真正地领会到它更为丰富与深刻的一面。

留园具备着江南的小巧别致，而又独

留园有着一份独特的儒雅与清高

具一格。一年四季，都会给你不枉此行的享受与暖暖的回味。春天的团花簇娜，夏季的浓荫快绿，秋时的枫红果黄，即便是冬日，大自然的娇艳与明媚化减到了最低的限度，这曾有"寒碧之韵"的留园，亦是不会让人失望的。二百余年的沧桑已成为过去，而今朝的留园却能在时空流转间，带给人味之不尽的感受。

（一）留园的特色

1. 长廊臂间书条石

留园特色之一，属长廊壁间的书条石(碑帖)，不仅数量多、年代久远，又全出于名家之手，蔚为壮观，当名列苏州园林之首。

园内廊长壁多，正利于安置书条石。其内容主要是介绍书法，法帖大都集自南派著名帖学诸家，从晋代的钟、王，至唐、宋、元、明、清共有一百多位书家珍品。其中绝大部分为清嘉庆年间寒碧庄主刘恕从他处寻觅所得，还有一部分系园主家中的历代收藏，包括历代名人法帖真迹和古旧拓本，由著名工匠勒之以石，用以嘉惠后学。这些书条石本身就是一件件艺术佳品，是一批丰富的文化遗产。书条石除了自身的观赏价值外，还美化装饰了建筑墙面，增加了景观层次，在建筑装饰上也占有一定的位置。其次又因书条石还有一小部分是园记、诗词、题跋，对于研究园林文化历史和书法艺术，都有着重大的参考价值。

苏州书条石内古人的诗句

留园书条石，自园主人安置至今，绝大部分都没有移位过。但时局变迁，园林也发生了许多变故，有的书条石埋没于废砖瓦砾之中，有的混迹于土山台基之下，还有一小部分遗落他方，不知所踪。园自整修开放以来，虽断续有出土发现，但数量也不多，计有 15 石，至 2000 年冬，留园东侧五福弄民居拆迁（五福弄地块原是清代盛家的留园东宅，也是寒碧庄刘恕的住宅，史书中称之为

"内园"），在民居墙上拆得 7 方书条石。留园管理处领导考虑到这些书条石如长期搁置库房，不利于书条石的保护与利用，在 2003 年春，根据书条石内容、尺幅及完整性、观赏性等因素，决定把其中 18 方书条石安置在留园轿厅后庭院南墙廊壁，并和园内其他法帖一样，罩护红木镜框，加以保护，这些曾经湮没在黄土尘泥和废砖瓦砾中的珍贵文物，今又重见天日，回到留园墙上。

留园至今在廊壁墙上有 379 方书条石，另有 4 方因破损残缺，不便安置，目前还存放在仓库，共计有书条石 383 方。除此以外，已知在孔庙"碑刻博物馆"廊内还有 6 方明人法帖，亦是留园旧帖，是在 20 世纪 80 年代初碑刻博物馆从五福弄民宅内拆去的。这几方旧帖，经考证为寒碧庄主刘恕所有，石上镌有"吴门刘恕之印""行之刘恕印鉴""蓉峰""花步小筑""寒碧庄"等印鉴闲章。另外在市图书馆一批民国时期的留园法帖拓片中，发现有 10 石拓片，留园内如今已找不到其原有刻石了。如此统计，留园法帖目前已知存石 389 方（包括孔庙内 6 方），加上只有拓片而无

留园的建筑和草木和谐融洽

天下能有几人真自在

刻石的 10 方书条石，合计有 399 方，但从留园目前已知的书条石中校对，二王帖连同释文似缺 11 石，"宋名贤十家书二卷"等法帖也有短缺，留园法帖原有数量应不止这些。留园现存法帖的内容，大致可归纳为如下几个方面：

一、乾隆年间葛正笏所抚仁聚堂法帖一至八卷，今已不全，其中部分法帖经刘恕整理补充，取名为"宋名贤十家书二卷"及"元魏国公松雪道人赵王孙法书七种"。

二、嘉庆年间刘恕蓉峰自刻帖，其中有"宋贤六十五种"，沈度书《不自弃说》，米芾书《名花诗》等，有范来宗的《寒碧庄记》，

五峰仙馆俗称"楠木殿",图为殿内摆设

钱大昕撰的《寒碧庄宴集序》及自撰文章《石林小院说》《含青楼记》《晚翠峰记》等等。

2. 巧妙植物配置

留园特色之二,是巧于植物配置。这里早在清代乾隆年间称为东西园。西园指戒幢律寺,园绕嘉植,以松为最,竹次之。园易主于刘恕后,多植白皮松于东园,为"寒碧山庄"。堂轩楼阁临水而建,参差出没于林木之间。园内建筑因林木花卉得名的有绿荫轩、荷花厅、楠木厅等。池种植荷,亭亭玉立,出淤泥而不染。因园主人钟于花石,故园内群植、丛植、散植了乔木、灌木之外,还著有《牡丹新谱》及《茶花说》。

其时被称为园内十八景之一的"古木交柯"
因树枝相交而得名。

土山上的可亭

　　园林中水为血脉，山为筋骨，草木为毛
发，发华而精神。留园的植物造景富有特色。
中部山体上"闻木樨香轩"处，桂树丛生，
秋日丹桂盛开，芳香四溢，香沁心脾，正如
轩上对联所述"奇石尽合千古秀，桂花香动
万山秋"。"古木交柯"处，古时有柏与女
贞交柯连理，为园中一景。现虽补栽古柏、
甫天竹和山茶，但令人暇想的仍然是那连理
枝。"揖峰轩"外疏植修篁与秀美的石峰，
宛如一幅竹石图，画意盎然。北部"又一村"
满植桃、李、杏、梅和竹林，喧闹的春花与

与众不同的留园

冠云峰是太湖石中的绝品

翠绿的修竹以及满架的葡萄，犹若江南山野村庄，返璞归真。西部山林遍植青枫和银杏，深秋红叶似锦，黄叶金灿，一片醉人秋色。缘溪行，桃花映红，落英缤纷，仿佛桃花源境。

（二）留园三绝

1. 冠云峰

留园内的冠云峰乃太湖石中绝品，齐集太湖石"瘦、皱、漏、透"四奇于一身，相传这块奇石还是北宋末年花石纲中的遗物。

北宋末年，虽然北面战事吃紧，金兵压境，宋徽宗却在东京城内大兴土木，建造"延福宫""万寿山"。他下令在全国范围内征集奇花异石，夸口要搜罗天下珍品于宫廷之中。徽宗崇宁四年特地在苏州设立了苏杭应奉局，专门负责搜罗名花奇石。苏杭应奉局的主管叫朱缅，此人最善巴结上峰，自当上了此官后，有采办"花石纲"的大权在手，于是放开手脚，拼命在民间搜刮。只要民家有一石一木被他打听到并看中，立刻派兵、上门抢夺，谁敢反抗，即以对皇帝"大不恭"治罪。有时为了搬树移石，甚至拆掉民居的围墙甚至

房子，当时朱缅从民间搜到的花石太多，以
致终于激起了方腊农民起义，当时方腊起义
军的一个口号就是"杀朱缅"，与方腊起义
军相呼应，苏州地区也爆发了以石生为首的
农民起义。不久，北宋政权由于国库空虚、
民不聊生终于为金所灭，微宗自己也做了俘
房。冠云峰就是未来得及运的花石纲的遗物。

2. 楠木殿

楠木殿是对"五峰仙馆"的俗称，"五峰"
源于李白的诗句："庐山东南五老峰，晴天
削出金芙蓉"。楠木殿厅堂面阔五间，中间
用纱隔屏风隔出前后两厅。其中前厅约占了

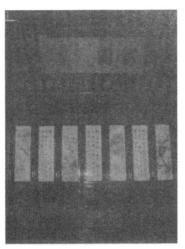

留园内有着众多书法名家的
画作

整个建筑三分之二的面积。正厅中间朝南设供桌、天然几、太师椅等家具，左右两边分设几、椅。众多家具将正厅空间分隔成为明间、次间和梢间等空间系列，这样的空间分布较一般的江南厅堂更加错综复杂、典雅繁美。仙馆东西墙上分别设了一列开合非常大，但是装饰简洁精雅的窗户。这样的做法是要把窗户外的两个小庭院的风景借鉴进来，拓展厅堂的视觉空间，保证建筑中有充分的光线。所以我们走进五峰仙馆没有像以往走进其他老房子那样，感觉阴暗、压抑或者阴森森，相反感觉这个厅堂宽敞明亮，宏丽而大气。五峰仙馆的建筑用材非常奢华，梁柱全部采用楠木，中间也全部采用红木银杏纱隔屏风。使用如此贵重的木材可见五峰仙馆在留园中的地位非比寻常。但是在抗战时，楠木殿成了马棚，饥饿的行军马把上好的楠木柱子啃得不成样子。后来抗战胜利后修葺园子时，不得不用水泥把楠木柱糊住，外面又刷上漆。

这里是园主以前用于举行重大宴饮以及婚丧寿喜的活动的场所。由于封建时代讲究男女授受不亲，因此在大厅的中后部

留园里的楠木殿

以一排屏门、纱隔和飞罩将大厅隔成了南北两个部分。南面宽敞明亮，座椅严格按规制摆放，是主人宴请男宾之处。而北面则相对局促，是专为女眷而辟。正中银杏木屏上刻有光绪年间马锡藩所书的《兰厅序》全文。二十四扇纱隔下方的群板上刻有花篮、葫芦、竹笛等"暗八仙"图案。纱隔的上半部装裱着张辛稼先生的绢本花鸟画。

与众不同的留园

设计精巧的门窗宛如画框

另外在大厅北侧一角，还有一块圆形大理石座屏，直径达 1.4 米，属全国罕见。石面纹理色彩构成了一幅天然水墨画。尤为令人称奇的是石面左上方有一天然的"朦胧月"，给人以"雨后静观山"的意境。这块大理石和太湖石精品冠云峰以及冠云楼中的鱼化石通常被俗称为"留园三宝"。

除大理石座屏外，大厅东、西墙上，还挂有四幅庄重典雅的理石画挂屏。深褐色的理石屏板上各嵌上下一圆一方两块大理石。其天然石纹宛如一幅天然的山水画，同时上圆下方的布置又表现了古代"天圆地方"的含义。

3. 鱼化石

留园的五峰仙馆内保存有一件号称"留园三宝"之一的大理石天然画"鱼化石"。只见一面大理石立屏立于墙边，石表面中间部分隐隐约约群山环抱，悬壁重叠，下部流水潺潺，瀑布飞悬，上部流云婀娜，正中上方，一轮白白的圆斑，就像一轮太阳或者一轮明月，这是自然形成的一幅山水画，这块直径

五峰仙馆

与众不同的留园

大理石天然画

一米左右的大理石出产于云南点苍山山中，厚度也仅有 15 毫米。这么大尺寸的一块大理石是如何完好无损从相距千里之外的云南运到这个江南苏州的，真是一个谜。

六　留园空间造景

走进留园则使人领略到忽张忽弛、忽开忽合的韵律节奏感。山石布局也是疏密有致，与建筑布局恰相反，以中区为主、西区为辅、中央假山处于中区的西北部、而园西区则体现了山林野趣。留园石林小院，空间院落极小，建筑十分密集，但由于若干空间互相渗透和层次变化异常丰富，使人置身其中有深邃曲折和不可穷尽之感。留园鹤所，临五峰仙馆前院的一侧满开窗洞，从室内可透过巨大的窗口而看到整个庭院，内外空间既有分隔又互相连通，从而使两者互为渗透。

每一个到过留园的人无不被其纷繁莫

雨中的留园别有一番风味

留园

雨中苏州

测的空间所打动，一路行走，一路体验，变换跳跃的空间节奏将游人投掷进一个巨大的时空交错的"场"中，一幅接一幅的画面，一个又一个的"转身"，仿佛看到了很多，又仿佛什么都不能留在记忆里，只剩下无法言说的感受被一次次拾起、叠加、影射、回味。与拙政园、网师园等其他江南私家园林相比，留园是一个不可拆解的整体，其最突出的特征就是如流动的音乐一般的空间。园林空间之丰富，为江南诸园之冠。它称得上是多样空间的复合体、集园林空间之大成者。

园林长廊

运河成为苏州园林水塘的主要水源

留园

1. 先扬后抑

抑景与扬景是传统造园历来就有的做法。欲扬先抑的做法主要是在入口区段设障景、对景或隔景，引导游人通过封闭、半封闭、开敞相间、明暗交替的空间转折，再通过透景引导，终于豁然开朗，到达开阔园林空间。中国园林尽管规模不大，但都追求对原始自然的联想，由此引导出的原则风格是：避免笔直的、一览无遗的园径和视线，无论何处都要使观赏者望之不尽，情致不致千篇一律。除了水面之外，无遮无挡正是中国园林设计的大忌，所以在园林的平面组织上，尽量避免一目了然，令游人极力保持"寻幽探胜"的兴趣。

留园曲折的长廊

作为与拙政园齐名的名园，留园不如拙政园那般张扬。由于面积有限，便用欲扬先抑的做法使入口很小，并以一屏风遮挡住游人视线，然后进入门厅、轿厅，通过长长过道和天井顿时豁然开朗。与其他园子相比，留园在建筑入口处多了些许的转折，使空间不断变化，由小变大，由暗转明，似有"柳暗花明又一村"的意境。

2. 曲廊造景

中国的花园和景观由典型的道家观念所构成：不规则的、非对称的、曲线的、起伏和曲折的形状，这是对自然本原的一种神秘、深远和持续的感受。在园林建筑空间设计上多曲是为了使景致环境和谐组

留园内的翠竹

留园地面上的花纹也设计得精巧雅致

留园空间造景

留园断霞峰

绿竹成荫

合，设计曲桥、曲廊或飞檐翘角等。留园的造园者巧妙地用曲折的长廊贯穿着四个景区，使廊、屋相接；用富于变化的建筑技巧使廊在空间上产生明与暗、大与小的对比，令游人在不断变化的通透空间中，欣赏到各种独到的园林小品。另外，由于留园面积不大，建筑设计中的多曲起到了延缓行动步调的作用。除了扩大空间的感觉之外，故意以折线或曲线延长距离，令人在游览过程中有更多的时间，转换更多的视点，慢慢观赏领略园中的幽趣。留园中的曲廊设置很多，从平面构成的角度上看就像一条线贯穿着园中许多个大小不一且不同形状的点，在平面上呈曲线或折线、跨越等高线；从立体构成的角度上看长廊好似一屏障，在立面上蜿蜒起伏，间隔开了园中的景，使人无法一眼看到底。把空间分隔为前景、中景和远景，并又很好地将各景串联起来。

3.门洞画窗

由于空间狭小，所以在布局上注重空间处理和划分，坚持空透原则，通过空窗、漏窗、洞门等，使公共空间与建筑有隔有连，做到整体布局，空间隔而不死、漏而可望，既能移步换景，又起到扩大空间感和通风采光的作用。除了室内的窗景被看作是一幅天然的图画外，户外隔断的门洞同时也是各式各样的景框。"画"要通过"画框"装裱以增其美，"景"也要通过"景框"来取舍、选择，使人极目四望，尽是佳景。留园就是以"图画窗"设计的巧妙而著称。门洞、窗洞等式样众多，它们体现了中国园林建筑中的一个特殊传统，其目的一是增强园景的人文化及浪漫主义的气氛；二是为满足较大人流通行而设，所以一般都设在景区转换处和主要游览路线上。例如圆形的门洞称为"月亮门"，那是希望借此产生"月宫嫦娥"的"仙境"联想，同时也方便进出。

留园的窗子

留园空间造景

窗扇的图形设计大体上分为空窗和漏窗两种形式。空窗的设计主要是弥补采光的不足，使过道不至于显得昏暗。在建筑设计时，园林建筑的每扇门每扇窗都会考虑其造景的功能。所以为了避免空窗的单调，造园者便利用植物盆栽来映衬它，利用太阳光将树木投影到墙面；风吹起，光影婆娑，十分生动。使它在具有采光功用的同时，形成一幅生动的立体画面，可谓一举两得。另一种形式的窗扇为漏窗，或俗称"花窗"。留园中的花窗在便于通风和采光的同时，可使中部的景色若隐若现半遮半掩地透出来，从而激发起游人的游

设计精巧的花窗开阔了留园的空间

留园

留园的花窗雕刻精巧，造型美观

兴，让人急于进园去领略窗外那片胜景。同时，从花窗中透出的园景，随着游人脚步的移动而不断发生变化，这就是古典园林欣赏中的所谓"移步换景"之妙。一系列不同形状的窗洞，除了可视作"景框"之外，还有另外一种作用就是称为"灯窗"。晚上，室内点上灯火之后，不同形状的窗洞在园中看起来就似形状不同的"花灯"。另外，从平面设计的角度看这些门洞窗扇，其图形各不相同，各有各的情趣。其中门洞和空窗多是以长方形、圆形、六边形、八边形为主。而漏窗中的图形种类就很多了，其中部的窗芯弯曲变化繁多，形成许多不同的图案，姿态繁复。从构图上看可分为几何形体与自然形

留园的美景吸引了海内外众多游人

体两类，但有时也混合使用。几何图案多由直线、弧线、圆形等组成。比如以直线造型的有六角景、菱花、书条、套方、冰裂等样式；用弧线和圆形的有鱼鳞、钱纹、球纹、秋叶、海棠、葵花、如意、波纹等样式。而用自然形体取材的范围多是以吉祥图案或具有象征意义的图形，如聚宝盆、文房四宝、松、柏、牡丹、梅、竹、兰、菊、芭蕉、荷花等。通过这些连续的不同形状、不同寓意的漏窗序列，随着人的移步，景色不断地发生着变化。因其视点与景物相对位移，犹如观看一幅长卷图画，一景一景不断映入眼帘，成为一种连续动态的构图，给游者增添了不少雅趣。

留园